# BEI GRIN MACHT SICH IHR WISSEN BEZAHLT

AF168237

- Wir veröffentlichen Ihre Hausarbeit, Bachelor- und Masterarbeit

- Ihr eigenes eBook und Buch - weltweit in allen wichtigen Shops

- Verdienen Sie an jedem Verkauf

## Jetzt bei www.GRIN.com hochladen und kostenlos publizieren

**Jakob Hinz**

# User sein oder nicht sein - Facebook lässt uns keine Wahl

## "Das Verstecken in der Anonyme"

GRIN Verlag

**Bibliografische Information der Deutschen Nationalbibliothek:**

Die Deutsche Bibliothek verzeichnet diese Publikation in der Deutschen National-
bibliografie; detaillierte bibliografische Daten sind im Internet über http://dnb.d-
nb.de/ abrufbar.

**Impressum:**

Copyright © 2011 GRIN Verlag GmbH
Druck und Bindung: Books on Demand GmbH, Norderstedt Germany
ISBN: 978-3-656-03383-7

**Dieses Buch bei GRIN:**

http://www.grin.com/de/e-book/179646/user-sein-oder-nicht-sein-facebook-laesst-
uns-keine-wahl

**GRIN - Your knowledge has value**

Der GRIN Verlag publiziert seit 1998 wissenschaftliche Arbeiten von Studenten, Hochschullehrern und anderen Akademikern als eBook und gedrucktes Buch. Die Verlagswebsite www.grin.com ist die ideale Plattform zur Veröffentlichung von Hausarbeiten, Abschlussarbeiten, wissenschaftlichen Aufsätzen, Dissertationen und Fachbüchern.

**Besuchen Sie uns im Internet:**

http://www.grin.com/

http://www.facebook.com/grincom

http://www.twitter.com/grin_com

# User sein oder nicht sein - Facebook lässt uns keine Wahl
## „Das Verstecken in der Anonyme"
## Abschlussaufgabe 5. Summerschool 2011

Autor: Jakob Hinz

Thema: User sein oder nicht sein – Facebook lässt uns keine Wahl
Präsentationsform: Dokumentation; Erstellen eines Blogs

Gliederung:
1. Einleitung
2. Titelwahl
3. Bezug Titel-Thema
   3.1 Bezug zur Summerschool
4. Konkretisierung des Themas
5. Soziale Netzwerke – Facebook und Google+
   5.1Datenschutz
6. Das Internet und seine Möglichkeiten
7. Bekannte werden zu Freunden
8. Ein neues Menschenbild + Fazit
9. Anhang


Vorbemerkung:
Ich gehe in dieser Arbeit davon aus, dass mein Blog, den ich zu diesem Thema
verfasste, bekannt ist. www.user-sein.blogspot.com
Wenn er Ihnen nicht bekannt ist, können sie zwei, für die Arbeit wichtige
Artikel, im Anhang finden.

## 1. Einleitung

„Menschen- Bilder" war das diesjährige Thema der 5. Summerschool 2011, welche vom 29. August bis zum 1.September am Gymnasium Carolinum Neustrelitz stattfand. Schüler verschiedener Jahrgangsstufen lauschten aufmerksam Vorlesungen renommierter Referenten verschiedener Fachbereiche. Am Montag sollten wir durch ein Gedicht von Albert Schweitzer in die Thematik eingestimmt werden: „Ein freier Mensch". Ich möchte zur Einleitung meiner Arbeit einen Teil dieses Werkes zitieren:

„Ich habe gelernt, selbst für mich zu denken und zu handeln, der Welt gerade ins Gesicht zu sehen und zu bekennen, dies ist mein Werk."

In diesem Sinne beginne ich meine Dokumentation eines Themas, das die Sicht eines modernen Menschen erfordert, um es zu erfassen. Es soll um das modernisierte Menschenbild und seine Ursachen, in Zeiten des Internets und der Globalisierung, gehen.

## 2. Titelwahl

Dr. Klaus Kufeld, Direktor des Ernst-Bloch-Zentrums Ludwigshafen, sprach am 29.August 2011 über „Das Menschenbild aus philosophischer Sicht und globaler Perspektive". Im Zuge seiner Erkenntnisse sprach er unter anderem über unsere veränderte Sicht auf andere Menschen, die durch soziale Netzwerke entstanden ist. Er bezeichnete es als ein „Verstecken in der Anonyme", da wir frei wählen können, welche Daten wir angeben und mit wem wir uns virtuell verbinden und damit ein Netzwerk herstellen.
Ich war beeindruckt von seinen Ansichten und Denkanstößen. Besonders der Vergleich von virtuellen Profilen und unserem wirklichen Bild von den Mitmenschen hat mein Interesse geweckt, weil ich selbst viel Zeit mit der Verwendung des Internets verbringe und auch Mitglied sozialer Netzwerke bin. Für mich wurde klar, dass ich mich mit den Veränderungen des humanen Wesens durch das Medium Internet beschäftigen wollte. Nun galt es einen Namen zu suchen.
Meine erste Idee für den Namen meines Themas bekam ich durch das Lesen eines Artikels aus der Zeitschrift „FOCUS", in dem es um unsere stark verflochtenen Beziehungen zum Internet ging: „Alle Wege führen zu Facebook". Die Aussage war für mich allerdings nicht umfangreich genug. Brainstorming brachte mich zu weiteren Ideen, die jedoch nicht nennenswert sind. Ich dachte also noch einmal darüber nach, welche Dinge ich verdeutlichen wollte. Schon immer war es für mich unvorstellbar, dass es so eine große Anzahl an Menschen gab, die Mitglied von Facebook sind. Mein Titel des Themas musste also diese Mitgliedschaft eines Netzwerks verdeutlichen. Es entstand die Phrase „User sein oder nicht sein?", einem berühmten Spruch Shakespeares nachempfunden. Durch erste Recherchen erkannte ich, dass es nötig geworden ist, sich online zu vernetzen, um immer am besten informiert zu sein. Das Ergebnis war also die Frage, ob wir noch eine Wahl haben, User zu sein oder nicht.

## 3. Bezug Titel-Thema

Genau wie die Gestaltungsform soll der Titel den Inhalt der Arbeit transportieren und eventuell eine erste eigene Meinung zum Thema andeuten. Der Titel meiner Arbeit offenbart dem Leser eine These, nämlich dass wir uns nicht entscheiden können, ob wir Mitglied von Facebook bzw. des Internets werden oder nicht. In Hinblick auf alle Datenschutzdiskussionen der vergangenen Jahre stellt diese Aussage ein Radikal dar. Stellen Sie sich vor, wir könnten uns nicht mehr entscheiden, ob wir Nutzer des Internets werden oder nicht.

### 3.1 Bezug zur Summerschool

Wie ich bereits erwähnte, war die Vorlesung von Dr. Klaus Kufeld der Auslöser für mein verstärktes Interesse an diesem Thema. Doch auch schon vorher habe ich mich viel mit dem Internet und seinen Möglichkeiten beschäftigt. Ich erkannte es als ein nützliches Werkzeug für den Alltag und auch als ein Werkzeug für jeden Menschen.
Das ist das Stichwort: „jeder Mensch". In Zeiten von stark ansteigender Weltbevölkerung und einer rapiden Weiterentwicklung unserer menschlichen Kultur gibt es mindestens genauso viele verschiedene Menschenbilder wie Menschen. Der Begriff Individualismus rückt in den Vordergrund und wird zur Zeit stark diskutiert und neu erfunden.

Wie individuell sind wir?
Besitzt der Individualismus auch Grenzen?
Wie nehme ich andere Individuen wahr?

Diese Fragen beschäftigten mich und viele andere Individuen meiner Schule in der Woche vom 29.August bis zum 1.September.
Über sich selbst nachzudenken, das eigene Wesen kritisch zu beleuchten und zu reflektieren und vielleicht zu einem neuen Bewusstsein zu gelangen; das alles sind Taten, die interessant für den Menschen sind.
Die Frage „Was ist der Mensch?" oder „Wer bin ich?" werden zum Mittelpunkt unserer individuellen Philosophie.

### 4. Konkretisierung des Themas - Zielsetzung

Natürlich muss ich zuerst die Grundlagen klären, da nicht jeder genug Informationen über das Internet und vor allem über soziale Netzwerke hat. Hierbei werde ich mich stark auf Facebook beziehen, da es als Paradebeispiel mit vielen anschaulichen Teilbereichen einhergeht.
Weiterhin möchte ich den Datenschutz im Internet ein wenig diskutieren und Argumente sammeln, was für und was gegen die Veröffentlichung oder Weitergabe meiner Daten spricht.

Ein nächster Punkt soll der veränderte Freundschaftsbegriff sein. Wen bezeichne ich heutzutage als Freund? Hat eine Freundschaft noch den selben ideellen Wert, wie vor ein paar Jahren, als das Internet noch Zukunftsmusik war?
Die Frage, die sich aus den ersten Zielen ergibt, ist: Wie frei ist der Mensch noch, wenn er seine Daten öffentlich preisgibt? Geben wir unsere Freiheit auf?
Und letztendlich soll es natürlich um das Menschenbild gehen, welches sich eventuell veränderte oder detaillierter wurde. Die Rolle der Technik als Teil des menschlichen Fortschritts wird dabei im Mittelpunkt stehen.

## 5. Soziale Netzwerke – Facebook und Google+

Mein Vater bat mich vor kurzer Zeit um eine Erklärung zu Facebook, Twitter und ähnlichen Netzwerken. Hätte ich meine Worte damals zusammengefasst aufgeschrieben, würden sie ungefähr so lauten:
Facebook, Twitter und Google+ sind virtuelle Netzwerke, die Menschen verbinden sollen. Dabei legt sich ein Mensch auf einer Internetseite wie zum Beispiel „www.facebook.com" ein eigenes Profil an. Hierzu benötigt man lediglich eine eigene E-Mail-Adresse. Außerdem muss man einen Namen angeben, der später für andere Nutzer (User) sichtbar ist. Hierfür verwenden viele Leute ihren richten Namen aber auch fiktive Namen sind möglich.
Das Anlegen eines Profils in solchen Netzwerken ist kostenlos und natürlich freiwillig.
Vater:"Und was bringt mir ein solches Profil?"

Das angelegte Profil kann nun von anderen Mitgliedern gefunden werden. Facebook besitzt dafür eine Suchleiste, in die ich nur den Namen einer Person eingeben muss, um sofort mehrere mögliche Profile zu finden. Hat mich nun eine andere Person gefunden, kann sie mein Profil anschauen und mir gegeben falls eine Freundschaftsanfrage senden. Diese muss von mir bestätigt werden. Nach der Bestätigung wurden die beiden Profile sozusagen verbunden. Die andere Person taucht dann in meiner Freundesliste auf.
Auf Facebook gibt es einen sogenannten „Newsfeed", also eine Nachrichteneinspeisung. Hier kann ich zum Beispiel Nachrichten verfassen. Auch das Hochladen von Bildern oder Videos ist hier möglich. Diese verfassten Meldungen kann ich nun „Teilen", d.h. anderen Nutzern zugänglich machen. Meine Freunde sehen nun meine verfasste Nachricht in ihrem Newsfeed. Dabei stehen an erster Stelle die neusten Meldungen.

Das Grundprinzip besteht also darin, Meldungen zu verfassen, die entweder meine aktuellen Tätigkeiten oder meine Gedanken betreffen und diese mit meinen Freunden zu teilen. Die Idee dahinter ist, dass jeder weiß, was der andere gerade macht. Wie viele Informationen ich hierbei preisgebe hängt natürlich von mir selbst ab.

Twitter und Google+ sind ähnliche Netzwerke mit dem selben Ziel. Bei Twitter ist der Umfang der Meldungen meist kürzer und auch beschränkt. Es ist also für sehr kurze aber aussagekräftige Statusmeldungen da. Google+ kann man sich so vorstellen wie Facebook.

Facebook hat eine Mitgliederzahl von ca. 800 Millionen (Stand:September 2011). Diese Zahl wächst natürlich täglich sehr schnell. Das Prinzip der virtuellen Vernetzung funktioniert auch nur, wenn entsprechend viele Menschen ein Teil des Geflechts werden. Um so mehr User, um so kleiner werden die Maschen dieses Menschenteppichs.

Eine solch große Menge an Profilen, muss natürlich irgendwo gespeichert werden. Facebook hat hierzu sogenannte Serverfarmen eingerichtet, von denen bereits sechs existieren. Diese Serverfarmen bestehen aus riesigen Hallen mit Millionen von Servern und Speicherorten. Die Menge an Daten ist unvorstellbar für einen normalen Benutzer mit einem 8 Gigabyte-USB-Stick in der Tasche.

In Deutschland gibt es momentan ca. 20 Millionen Nutzer des Netzwerks. An einem Tag laden alle Nutzer zusammen ca. 200 Millionen neue Fotos hoch. Unvorstellbare Datenmengen führen auch zu einer gewissen Unübersichtlichkeit des ganzen Netzwerks, was vielen Menschen Angst bereitet.

Wer genau kann meine Bilder sehen und verwenden?

Sind meine persönlichen Daten sicher?

5.1 Datenschutz

Seit der Einführung von Facebook im Jahr 2004 ist auch das Thema Datenschutz immer stark diskutiert worden. Immerhin ist die Datenschutzerklärung von Facebook so lang, wie die Verfassung der USA. Nur wenige Menschen haben eine genaue Übersicht über diese Regelungen. Für den Otto Normalverbraucher ist es unmöglich alle Nutzungsbedingungen zu verstehen. Allerdings stimmt jeder Nutzer diesen Bestimmungen zu, wenn er dem Netzwerk beitritt. Die Frage ist also, ob wir nicht selbst Schuld sind, wenn unsere Daten missbraucht werden.

Das ist theoretisch richtig, denn wer die Nutzungsbedingungen nicht liest und sich später über Inhalte dieser beschwert, hat selbst Schuld. Doch es gibt auch Fälle in denen das nicht zutrifft.

In Deutschland ist die Weitergabe von Daten meistens grundsätzlich verboten. Es gab bereits einige Skandale, bei denen zwielichtige Geschäfte von Facebook-Managern ans Licht kamen, die Daten von Benutzern an andere Firmen verkauften. Es wird somit Profit aus den Daten von unschuldigen Benutzern gemacht.

In meinem Blog habe ich das Thema des „Freundefinders" in Facebook behandelt (Artikel vom 6.September 2011)[1].

Dieser ist das perfekte Beispiel für die Ausnutzung von Daten. Mit nur ein paar wenigen Klicks, die sich ganz unschuldig anfühlen, öffne ich mein Kontaktbuch den Facebook-Datencentern. Ich gebe damit E-Mail-Adressen von Freunden oder Bekannten weiter, ohne dass diese zugestimmt haben. Somit werden auch Internetnutzer, die Facebook verabscheuen ein Teil des Netzwerks, ohne eigenen Willen dazu. Das Netzwerk will alle Menschen und ihre Tätigkeiten in sich vereinen und überschreitet dabei manchmal Grenzen der menschlichen Freiheit.

Sich der Mitgliedschaft zu entziehen (damit meine ich in diesem Fall die passive Mitgliedschaft, also Mitglied zu werden in dem andere Bilder von mir hochladen oder dem Internetkonzern meine Daten übermitteln ohne mein Einverständnis) ist nur möglich, wenn ich auch abstinent vom Internet lebe.

Die Krake „Social Network" infiltriert immer mehr und umfassender das gesamte Netz. Sie schlägt ihre Tentakeln in alle anderen Websites und auch in die Köpfe der Menschen. Das Denken der Menschen ist dabei oft janusköpfig. Auf der einen Seite wollen sie ihre Freunde auch online „treffen" und sich mit ihnen vernetzen aber auf der anderen Seite debattieren sie über den Datenschutz und finden es furchtbar, wenn sie Daten angeben müssen. Ich denke, wer ein Teil des Internets sein möchte und dieses in seinen Alltag integrieren will, muss Abstriche in Sachen Datenschutz machen, egal wie viele Menschen sich für den Schutz des Nutzers einsetzen. Es ist einfach nicht möglich sich zu vernetzen und trotzdem anonym zu bleiben. Das gleicht doch dem Fall mich einem anderen Menschen zu öffnen ohne ihm etwas über meine Person zu erzählen: widersprüchlich und unmöglich.

Die Freiheit in Sachen Datenveröffentlichung reduziert sich also dabei stark, allerdings nur, wenn wir die Vorteile des Internets auch für uns benutzen wollen. Wie zeigen sich diese oft genannten Vorteile des Internets eigentlich genau? Wie erleichtert es den Alltag?

6. Das Internet und seine Möglichkeiten

Was machte das Internet in den ca. 20 Jahren seiner Existenz zu dem was es heute ist?

Was die Menschen als nützlich daran betrachten ist wieder einmal nur subjektiv absehbar.

Für mich ist es der Umfang und die Leichtigkeit des Internets, die es zu einem Medium des alltäglichen Gebrauchs machen. Die bereits genannten sozialen Netzwerke beeindrucken mich immer wieder und lassen mich besser mit Mitmenschen kommunizieren. Auch die Telefonrechnung sank seit ich Facebook benutze, da viele kurze Absprachen nun über das Internet ablaufen. Die Funktion des Einkaufens im Internet ist, glaube ich, meine sekundäre und am meisten benutzte Möglichkeit. Außer Lebensmittel kaufe ich fast alles einfach online und muss, um den Artikel zu erhalten, noch nicht einmal Transporte auf mich nehmen, denn alles wird mir bequem vor die Haustür geliefert. Virtuelles Shopping sorgt also auch für eine neue Bequemlichkeit der Menschen. Die Menschheit braucht einen Begriff für die Steigerung von „Couch-Potato"!

Die von Couch-Potatos oft genutzte Form der digitalen Unterhaltung gibt es natürlich auch im Internet. Spiele, Filme und Musik werden allgemein zugänglich und sind einfach zu benutzen.

Ein weiterer, für mich wichtiger Punkt des Internets, ist die Organisation meines Alltags. Der Kalender und die Aufgabenliste, sowie mein Notizbuch befinden sich online nur für mich sichtbar. Abrufbar natürlich mit dem Computer aber auch mit dem Handy, wird das Internet zum ständigen Begleiter.

Der meiner Meinung nach letzte extrem bedeutsame Punkt ist die Wissensbeschaffung. Innerhalb von wenigen Sekunden lässt sich ein Begriff

mit Hilfe des Internets klären.
Die Recherche für umfangreiche Arbeiten erfolgt mit dem Internet und
meistens schon gar nicht mehr ohne es.
Warum soll ich meist zeitaufwändige Buchrecherchen auf mich nehmen, wenn
es doch so viel schneller gehen kann?

Ich stehe dem ganzen sehr positiv gegenüber und finde, dass das Internet die
wichtigste und bedeutendste Erfindung der letzten Jahrzehnte war. Die Frage,
welche sich bei jedem von uns nun ergeben sollte, ist: Hat das Internet auch
Grenzen?
Dies ist schwer zu beantworten, denn wer weiß schon was in der Zukunft
passieren wird. Meiner Meinung nach befinden sich die Grenzen des virtuellen
Netzwerks eben nur in seiner Realität. Ein Profil in Facebook ist niemals real
oder lässt sich anfassen. Die Produkte, die wir kaufen, können wir nur auf
Bildschirmen betrachten, nicht um sie herumgehen und sie betasten.
Über alle anderen Ausbreitungen des Internets möchte ich keine Überlegungen
anstellen, da alles auf virtueller Basis möglich sein wird.

## 7. Bekannte werden zu Freunden

Der Begriff „Freundschaft" hat sich aus meiner Sicht grundlegend verändert.
Soziale Netzwerke bringen uns dazu Menschen, die wir nur flüchtig kennen, als
unsere Freunde zu bezeichnen. Warum?
Auch dieses Problem habe ich bereits im Blog ausführlich erklärt (Artikel vom
14.September 2011)[2]. Ich möchte meine Ergebnisse zu diesem Thema
demnach nur noch einmal zusammenfassen.
Das Ergebnis meiner Recherche und Überlegung war, dass ich den Begriff
Freund in zwei Definitionen unterteilt habe. Die erste Definition beschreibt die
normale Freundschaft, wie wir sie seit je her kennen: eine persönliche
Beziehung zwischen zwei Menschen, die mit dem Gedanken- und
Gefühlsaustausch einhergeht. Die neue Definition dagegen ist die, des
virtuellen Freundes. Auch flüchtige Bekanntschaften und manchmal sogar
Menschen, mit denen wir noch nie sprachen, werden zu Freunden unserer
Profile.
Der Unterschied zwischen beiden ist wieder die Realität und die Virtualität.

Der Weg des Freunde-Findens unterscheidet sich. Im Internet ist es eine
einfache Suche nach einem Namen, der zu einem Profil führt oder ein zufälliges
Finden des neuen Freunds. Hierbei spielen Dinge, wie erster Eindruck immer
weniger eine entscheidende Rolle, weil sich ein Profilbild nur selten ändert. Das
äußerliche Bild, welches wir von einem Mitmenschen bekommen ist in sozialen
Netzwerken meist beständig und vor allem für jeden gleich.
Treffen sich Menschen im echten Leben wird ein Einzelner von
unterschiedlichen Menschen auch unterschiedlich beurteilt, da er sich in
bestimmten Situationen anders verhält.
Ein Beispiel dazu: Ein Geschäftsmann, nennen wir ihn Herr Müller, kommt in
ein Meeting von wichtigen Leuten der Firma, die ihn zuvor noch nie gesehen
haben. Er erzählt gleich zur Begrüßung einen Witz über Geschäftsleute. Person
A aus dem Publikum hat Humor und hat sofort eine positive Einstellung zu

Herrn Müller, hält ihn also für humorvoll und nett.
Person B aus dem Publikum hielt den Witz für geschmacklos und unpassend,
ist also gegenüber Herrn Müller abgeneigt. Es entstehen unterschiedliche erste
Eindrücke. Würden Person A und Person B das Internetprofil von Herrn Müller
zuerst betrachten ohne dass sie diesen kennen, entsteht bei beiden
wahrscheinlich das selbe Bild. Der Grund dafür ist, dass wir uns im Internet
versuchen selbst zu verwirklichen, um auf andere möglichst positiv zu wirken.
Niemand würde in seinem Facebook-Profil veröffentlichen, dass sein Humor
fragwürdig ist. Wieso auch? Das Profil funktioniert also wie ein Aushängeschild
oder eine Visitenkarte.
Ich komme damit auch zu dem Schluss, dass unsere Internetbekanntschaften
oft umfangreicher sind, da die Kriterien für eine „Freundschaft" niedriger sind.
Der persönliche Kontakt zu virtuellen Freunden ist uns nicht so wichtig, wie zu
den realen Freunden. Freunde im wahren Leben abseits des Internets, werden
von uns sorgfältiger und über einen längeren Zeitraum ausgewählt und
selektiert. Diesen vertrauen wir auch gerne mehr Informationen über uns an.
Das Internet hat also für eine neue Definition des Wortes „Freundschaft"
geführt. Die herkömmliche Form einer Freundschaft existiert aber weiterhin.

Virtuelle Freundschaften sind meiner Meinung nach oft unpersönlicher. Doch
wie sehen mich meine virtuellen Freunde? Und vor allem wie sehen mich
Menschen, die zum ersten Mal mein digitalisiertes Ich betrachten?

8. Ein neues Menschenbild

11,7% der Zeit aller Internetnutzungen wird bei Facebook verbracht. Das heißt
bei einer Internetnutzung von 2 Stunden verbringen wir ca. 15 Minuten bei
Facebook. Unser Leben wird von diesem Netzwerk bestimmt; allgemein wird
das Leben von der Technik bestimmt. Es ist nichts verwerflich daran die Welt
zu modernisieren, solange alte Bräuche und die alte Kultur nicht vergessen
werden. Doch genau dies geschieht zunehmend.
Menschen vergessen sich selbst bei der Benutzung des Internets. Sie
entwickeln eine Sucht und können nicht mal mehr eine halbe Stunde ruhig
dasitzen ohne die Gewissheit, dass der Stand des Newsfeeds aktuell ist.
Internetsüchtige leben sehr gefährlich, da das wahre Leben vergessen wird.
Auch die Bedürfnisse des eigenen Körpers werden vergessen. Es sind Fälle aus
Japan bekannt, bei denen Menschen vergessen haben zu essen wegen ihrer
Sucht nach einem Browsergame, also einem Spiel im Internet. Letztendlich
führte das sogar zu Todesfällen.
Inwiefern verändert dies unsere Sicht auf das Wesen des Menschen?

Menschen machen Fehler. Das ist eine Tatsache.
Menschen sind formbar. Das ist allgemein bekannt.
Menschen können abhängig sein. Das ist ein Gefühl, dass jeder kennt.

Der Mensch mit all seinen Mängeln ist aber auch ein Wesen, das sich immer
höhere Ziele steckt. Ohne eine Aufgabe im Leben resignieren viele Menschen
und sehen keinen Sinn darin.Wie ich bereits im Blog erwähnte kann man diese
Tatsache immer in Verbindung mit Aristoteles' „Eudaimonia" bringen, der

Glückseligkeit als Endziel.

Auf dem Weg dorthin muss der Mensch selbst gesteckte Ziele durch Taten verwirklichen. Welche das sind, entscheidet jeder für sich selbst. Erst wenn ich meine vollkommene Zufriedenheit erreicht habe, habe ich keine höheren Ziele. Die menschliche Kultur hat als beständiges Ziel den Fortschritt. In unserer Zeit ist Fortschritt gleichbedeutend mit technischer Entwicklung. Früher in der Antike oder in der Zeit der Aufklärung war die Entwicklung des menschlichen Verstandes das höchste Ziel der Menschen. Dies änderte sich leider zunehmend. Nur wenige Menschen streben immer weiter nach Entwicklung ihres eigenen Verstandes. Der Verstand und damit auch das Verständnis von der Welt scheinen einen Stillstand erlitten zu haben. Die Bedürfnisse vieler Menschen lassen sich auf materielle Güter, also auch auf Geld und immer bessere Technik reduzieren. Das Internet wird im Zuge dessen auch immer größer, besser und schneller. Der Mensch hat ein Bedürfnis dafür in immer kürzerer Zeit, immer mehr Informationen zu bekommen. Die Menge an Informationen steigt, doch die Komplexität und Tiefgründigkeit sinkt. Wir achten weniger auf Details. Auch auf Facebook lassen sich diese Aussagen beziehen und vor allem auf das Thema der Freundschaft.

Unsere Freundeszahlen steigen, doch die Intensität einer Freundschaft sinkt. Sie wird oberflächlicher und durchsichtiger. Das Bild des vernetzten Globus ist also kein gespanntes Netz aus festem Draht, sondern aus leicht zu zerreißenden Bindfäden. Das reale Bild, welches wir uns durch das Betrachten von virtuellen Profilen von anderen machen, wird undetaillierter. Individuen werden, durch das Beschränken auf wenige Informationen in einem Profil, reduziert. Die ganze Fülle des Individuums und seiner Beschaffenheit geht verloren.

Auch der Individualismus ist schlechter ausgeprägt. Menschen werden von uns virtuell in Gruppen sortiert und zusammengefasst und intensive Beziehungen zwischen Menschen verlieren an Wert.

Die Definition eines Menschen ist sein Profil. Die Übersichtlichkeit unseres Lebens wird durch das Internet und all seine Vorzüge auf den ersten Blick verbessert. Wir werden globalisierter. Doch die Menschheit sollte sehr stark aufpassen, inwiefern die Technik unser Bewusstsein übernimmt. Man sollte ständig ein Mittelmaß zwischen Euphorie und maßloser Hingebung finden. Das Internet wird zum Hobby, zum Beruf, zum Aufenthaltsort, aber vor allem zu einem Ort der Selbstverwirklichung.

Am Anfang dieser Arbeit nannte ich die Thematik des freien Menschen und ein Zitat von Albert Schweitzer. In diesem heißt es selbst denken und handeln macht frei. Allerdings sagt er auch, dass die Fähigkeit erlernt werden muss. Ich hoffe meine eigene Meinung zu dem Thema ist durch diese Dokumentation deutlich geworden. Ich glaube, der Mensch muss lernen mit der Technik zu leben und diese für seine Vorteile zu nutzen. Dabei sollte darauf geachtet werden das unser Leben nicht verlegt wird, von der realen auf die virtuelle Ebene, sondern das wir die virtuelle Ebene in die reale Ebene integrieren und diese somit verständlicher machen. Das Internet ist zum Teil unserer Kultur geworden und hat unser Menschenbild grundlegend verändert. Doch dabei muss man nicht nur negativ denken. Die Vernetzung von Individuen ist durchaus positiv und wünschenswert.

## 9. Anhang

### [1]: Artikel vom 6.September 2011

Heute soll es um das von Facebook allseits umworbene Tool "Freundefinder" gehen.
Für die Leute die nicht zu den Facebooknerds gehören, hier eine kurze Beschreibung:
Der *Freundefinder* kann von angemeldeten Usern benutzt werden. Der Benutzer gibt hierzu lediglich seine Emailadresse und das dazu passende Passwort ein. Die Facebook-Website versichert, dass dieses Passwort nicht gespeichert wird. Ist die Eingabe erfolgt, sucht Facebook das Email-Adressbuch systematisch nach Adressen ab, die noch nicht im sozialen Netzwerk vorhanden sind. Der User *kann* diesen Adressen eine Einladung schicken. Tut er dies nicht, werden die Adressen aber auf jeden Fall von Facebook gespeichert.

Es ist also nicht einmal so, dass Menschen freiwillig ein Teil des Netzwerks werden sondern, dass sie diesem regelrecht ausgeliefert sind. Der Physiker Mark Buchanan errechnete mit den Benutzerzahlen von Facebook und der Wahrscheinlichkeit, dass ein User den *Freundefinder* benutzt, einen Wert der unvorstellbarer ist, als die Userzahlen Facebooks: "Facebook kennt 90% aller Emailadressen weltweit."
Und damit nicht genug. Das Netzwerk erstellt logische Vernetzungen zwischen den Adressen.
Es listet sozusagen auf, welche Personen mit welchen Adressen kommunizieren.
Die Frage ist also nicht ob man ein Teil der Community werden möchte, sondern wann!

*Noch eine Bemerkung zur Rechtslage. Jeder User, der den Freundefinder in Deutschland benutzt und Emailadressen an Facebook übermittelt, ohne dass der jeweilige Besitzer einverstanden ist, macht sich strafbar! In den Vereinigten Staaten von Amerika ist diese Funktion nicht gesetzeswidrig, bei uns schon.*

Diese Fakten geben Anlass dazu über ein wichtiges Thema nachzudenken: Inwiefern schränken soziale Netzwerke unsere Freiheiten ein?
Ganz klar ist doch, dass wir uns nicht zu 100% abgeschirmt von Facebook betrachten können.
Jeder Mensch wird früher oder später zum Mitglied, aktiv oder passiv. Dies geschieht durch die oben genannten Umstände aber auch durch Fotos oder Videos die angemeldete User hochladen. Wie soll ich vermeiden, dass ein Foto beispielsweise von der letzten Party, das mich zeigt, bei Facebook landet? Hierzu muss das Ich nicht einmal Mitglied sein.
Möglichkeiten eine solche Auslieferung meiner Daten zu verhindern, gibt es nur wenige.
Dazu in späteren Beiträgen mehr.
Soziale Netzwerke schränken also eindeutig die Freiheit des Individuums bezogen auf seine Entscheidungsfreiheit ein.
Desweiteren gibt es Situationen, die den freien Menschen durchaus dazu "zwingen" sich auf Facebook anzumelden. Beispiel hierfür sind Arbeitsgruppen, die sich über Facebook organisieren: Bin ich Mitglied einer Arbeitsgruppe oder einer Projektgruppe, möchte ich mich natürlich aktiv an Diskussionen beteiligen. Aber was, wenn diese über die Gruppenfunktion von Facebook stattfinden? Das Resultat: Ich melde mich an.

"Gut", denkt sich manch einer,"dann bin ich halt Mitglied; ist doch alles kostenlos!"
Doch wie sicher sind meine Daten wirklich, trotz aller Versprechungen, bei großen Unternehmen?
Darum soll es in weiteren Beiträgen gehen.
Vielen Dank fürs Lesen.

## [2]: Artikel vom 14.September 2011

Heute soll es um den veränderten Freundschaftsbegriff gehen.
Erst zur allgemeinen Definition:

Eine auf Freiwilligkeit und Gegenseitigkeit beruhende persönliche Beziehung von unbegrenzter Dauer, die durch Austausch intimer Gedanken und Gefühle, und ein hohes Maß an Vertrauen gekennzeichnet ist. http://www.freundschaft-diplomarbeiten.de/1.2-Definitionen-von-Freundschaft.htm

Dieser Definition würde wohl jeder im Allgemeinen zustimmen, da sie das Vertrauen als Grundlage einer Freundschaft sieht. Doch in wie weit kann man heute noch von dieser Definition ausgehen?

Wie ich schon einmal in einem Beitrag erwähnt habe, glaube ich, dass ein Mensch in der Gesellschaft ca.5 andere Menschen kennt, denen er sein Leben anvertraut und diese somit als wirkliche Freunde bezeichnet. Viele bezeichnen diese Gruppe als "beste Freunde". Dabei zähle ich die Familie natürlich nicht mit in diesen Kreis. Das Problem, welches durch das Internet entstand, ist die Auffassung von Freundschaft.
Ich selbst habe soeben mit Verwunderung festgestellt, dass ich auf Facebook 230 andere Menschen als Freunde bezeichne. Dabei dachte ich, ich habe diese Menge schon gut selektiert. Manchmal laden wir Bilder in sozialen Netzwerken hoch, die dann genau von dieser Menge an Menschen gesehen werden können; wir geben unsere E-Mail-Adresse an, unser Geburtsdatum, Geburtsort, Wohnort. Einige User veröffentlichen sogar Telefonnummern und Adresse.
Es ist oft so, dass Menschen zu Freunden werden, wenn sich diese vielleicht nur einmal im Leben gesehen haben oder gar noch nie miteinander gesprochen haben. In unserer breiten Masse an virtuellen "Freunden" verstecken sich auch oft Individuen, denen wir vielleicht im echten Leben aus dem Weg gehen würden.
Wieso ist das so?

Vielleicht ist der Prozess "Freunde werden" einfacher geworden und der Prozess "Freundschaft auflösen" umständlicher. Das Internet macht uns mit jeweils einem Mausklick von beiden Menschen zu Freunden. Wenn sich eine Freundschaft im Leben auflöst, dann muss ich diese in sozialen Netzwerken oft erst umständlich entfernen. Das Resultat: Wir bleiben auch mit Menschen, die schon lange keine Rolle mehr im wahren Leben spielen, virtuell befreundet.

Ein weiterer Grund für die breite Masse an Internetfreunden könnte die Distanz sein, die zwischen 2 Menschen durch das Internet entsteht: Mit jemandem auf der Straße eine Konversation führen, fordert von einigen Menschen oft sehr viel Mut, je nachdem wie gut uns die Person gegenüber bekannt ist.
Das Internet reduziert diese Hemmschwelle und öffnet schüchternen Menschen neue Möglichkeiten.

Es wird eindeutig erkennbar, dass dieser Veränderung des Begriffs mal wieder mit der Leichtigkeit des Internets in Verbindung gebracht werden kann.
Aristoteles machte früher deutlich, dass in einer funktionierenden Polis-Gesellschaft die Freundschaft noch über der Gerechtigkeit stehen muss. Allerdings gab es nur wenige Institutionen, wie eine Polizei in dieser Zeit. Die Menschen waren also auf das Wohlwollen von anderen Menschen angewiesen.

Heutzutage können wir aber immer noch unsere Freundschaften gezielt auswählen, wenn wir nur wollen. Ich würde also hierbei auf der einen Seite die "guten Freunde" und auf der anderen Seite die "Facebook-Freunde" unterscheiden. Der Begriff muss also meiner Meinung nach nur klarer definiert werden.
Eine wirkliche Freundschaft ist auch heute noch immer von Vertrauen und Gedankenaustausch geprägt.